A Celebration of the Life of

Gone from this
earth,
but living on
in our hearts

Guest Thoughts & Memories

Name

_____

_____

_____

_____

_____

_____

_____

_____

_____

_____

Thoughts & Memories

_____

_____

_____

_____

_____

_____

_____

_____

_____

_____

Name

Thoughts & Memories

Name

Thoughts & Memories

Name

Thoughts & Memories

Name

Thoughts & Memories

Name

Thoughts & Memories

Name

Thoughts & Memories

Name

Thoughts & Memories

Name

Thoughts & Memories

Name

Thoughts & Memories

Name

Thoughts & Memories

Name

Thoughts & Memories

Name

Thoughts & Memories

Name

Thoughts & Memories

Name

Thoughts & Memories

Name

Thoughts & Memories

Name

Thoughts & Memories

Name

Thoughts & Memories

Name

Thoughts & Memories

Name

Thoughts & Memories

Name

Thoughts & Memories

Name

Thoughts & Memories

Name

Thoughts & Memories

Name

Thoughts & Memories

Name

Thoughts & Memories

Name

Thoughts & Memories

Name

Thoughts & Memories

Name

Thoughts & Memories

Name

Thoughts & Memories

Name

Thoughts & Memories

Name

Thoughts & Memories

Name

Thoughts & Memories

Name

Thoughts & Memories

Name

Thoughts & Memories

Name

Thoughts & Memories

Name

Thoughts & Memories

Name

Thoughts & Memories

Name

Thoughts & Memories

Name

Thoughts & Memories

Name

Thoughts & Memories

Name

Thoughts & Memories

Name

Thoughts & Memories

Name

Thoughts & Memories

Name

Thoughts & Memories

Name

Thoughts & Memories

Name

Thoughts & Memories

Name

Thoughts & Memories